TRES-HVMBLE REMONTRANCE

QVE FRANCOIS PELSART, principal facteur de la Compagnie Hollandoise des Indes Orientales, presente aux Directeurs de cette mesme Compagnie, sur le sujet de leur commerce en ces quartiers là; auec son aduis de la maniere dont ils le doiuent continuer à l'aduenir, fondé sur la connoissance qu'il a acquise de ce pays en sept années de temps qu'il y a demeuré & fait leurs affaires.

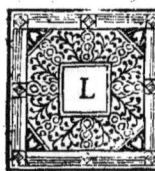

A ville d'Agra est excessiuement grande, mais mal bastie & sans murailles: elle est sous 28. degrez 45. min. de lat. Sept. Agra estoit autresfois vn village, qui dependoit de Bayana; le Roy Achabar le choisit pour sa residence, & y fit bastir l'an mil cinq cens soixante-six vn superbe Chasteau sur les bords de la riuiere Ecbar. de Zemena; tous les grands Seigneurs de la Cour y bastirent à la haste aux endroits qui leurs semblerent les plus aduantageux: de là vient que les ruës ne sont point droites, que les Gentils sont logez pesle mesle auec les Mahometans, les pauures auec les riches, & si le Roy d'apresent y eut demeuré comme son pere, elle seroit deuenuë la plus grande ville du monde: en effect les portes que le Roy Ecbar auoit fait bastir n'enferment pas la moitié de la ville, qui a bien maintenant trois fois autant de circuit, qu'elle en auoit en ce temps-là, est plus longue que large, & comme elle est bastie le long de la riuiere, les plus grands Seigneurs ont choisi cette situation pour y bastir leurs Palais: Ie remarqueray icy les principaux, en commençant par le costé du Nort, & par celuy de Batorche, qui a esté autresfois Roy ou Seigneur du Chasteau de Hasseer, situé à 5. cos de Barampoer; celuy de Radzia Botios pere de Ray-Rottang; à present gouuerneur de Barāpoer seigneur de cinq mille cheuaux; Ebraham-Chan seigneur de 3000. cheuaux; Rostom-Kandahari seigneur de 5000. cheuaux; Radzia-Kissndas seigneur de 3000. cheuaux; Ethegact-Chan, le plus ieune des freres de Assoffchan seigneur de 5000. cheuaux; Chazadi Chano sœur du Roy d'auiourd'huy, autresfois femme de Mados Chan, Roy de Guzeratte; Goulziaer Begem mere du Roy d'auiourd'huy; Codzia-mamet Thahaar seigneur de 2000. cheuaux: Codzia Benziu, Intendant de Sultan Chorom, seigneur de 1000. cheuaux, Ozier Chan seigneur de 5000. cheuaux. Tzoaech Poerazis, bastiment de grande enceinte, où sont toutes les femmes du Roy deffunct Achabaer, Erhebaer Chan Clootéloos autrefois Gouuerneur d'Agra: Bagher Chan seigneur de 3000. cheuaux; Mirsa Abouzayet seigneur de 1500. cheuaux: le superbe Palais d'Asofchan seigneur de 8000. cheuaux; Ethemadaulet seigneur de 5000. cheuaux; Sultan Chorom, le puisné des enfans du Roy Achabar, Prince de 20000. cheuaux, Chan-zian seigneur de 5000. cheuaux, Codzia Abdul Hasson seignr de 5000. ch. Rochia Sultan Begem, sœur du Roy d'auiourduy, mais qui n'a point esté mariée, son Palais finit où commencent les bouleuarts du Chasteau royal, ses remparts sont reuestus de pierres de taille rouges, ont vingt-cinq aulnes de hauteur & deux cos de circuit; c'est vn fort à quatre bastions, le plus superbement basty que i'aye veu: il est situé sur vne petite emi-

Seconde Partie.   ✤ A

nence, qui luy donne l'auantage d'vne belle veuë; mais principalement du costé qu'il regarde la riuiere de Zemene; les fenestres du logement du Prince qui regardent la riuiere, sont enrichies d'or: c'est de là que le Prince voit ordinairement combattre ses Elephans, & la face du bastiment de ce costé est trauaillée à iour, son Inssial-ghana est aussi de ce costé là, vn peu plus enfoncé que ces fenestres & ces balcons, d'où il voit combattre les Elephans: il est basty de pierre d'albastre, il est quarré & enferme vne place vn peu eleuée pour s'asseoir, ce que l'on en voit de dehors est couuert de plaques d'or; ainsi quand le Prince se monstre à ses peuples assis en cet endroit, cet or & les richesses de ce lieu contribuent beaucoup à luy donner de la Maiesté; sous l'Inssial-ghane est le Serrail de Nourzian Begem femme du Roy d'apresent: le dedans du Chasteau est tout remply de bastimens & de plusieurs Serrails, comme de celuy de Mariam-Makani femme d'Achabar & mere de Ziangier, auec trois autres Serrails pour les femmes de ce Prince, l'vn nommé le Serrail du Dimanche, l'autre celuy de Mangel & du Lundy, le troisiéme appellé Zenisser, ou du Samedy; ces Serrails ainsi nommés des iours ausquels ce Prince auoit accoustumé d'y aller. Il y en a encore vn cinquiéme appellé Bangali-Maal, où estoient les femmes de differentes nations si bien que cette place auec ses bastimens & ses boutiques, ressemble mieux à vne ville qu'à vne place de guerre, quoy qu'elle paroisse imprenable à en iuger par le dehors.

    Quand on a passé le Chasteau on trouue vne grande place, où se tient le marché des bœufs & des chameaux, des tentes, des toiles & de mille autres marchandises qui s'y vendent le matin. Là est le Palais de Mirza Abduls fils de Chanasem seignr de 3000. cheuaux, de Zehenne Chan seigneur de 2000. cheuaux, de Mahabot Chan seigneur de 8000. ch. de Chan Alem seigneur de 5000. cheuaux, de Radzia Bartsingh, seigneur de 3000. cheuaux, de Radzia Mansig, seigneur de 5000. cheuaux, de Radzia Madotsingh, seigneur de 2000. cheuaux. De l'autre costé de la riuiere est vne ville nommée Zekadra bien bastie, mais presque toute habitée par les Marchands de Baiana; car toutes les marchandises qui viennent de Pourob, de Bengale, de Purles & de Boutom passent par là, principalement toutes les toiles de Bengale, les soyes cruës de Patana, le spicanardi, le borax, le verd de gris, le gingembre & mille autres sortes de drogues: toutes ces marchandises au passage de la riuiere payent des droits aux Officiers de Nourziam Begem, à cause qu'elle leur a fait bastir le tZera: il y vient aussi vne quantité incroyable de grains, de beure & d'autres prouisions de bouche, que le pays de Pourob fournit abondamment, & sans lesquelles cette ville ne pourroit pas subsister; elle a bien deux cos de longueur, mais elle n'est pas si large; c'est vne ville de grand concours de Marchands & de peuple, agreable pour la beauté de ses iardins, superbe en bastimens: Sultan Peruis y a vn palais, Noursian Begem en a vn autre, comme aussi Ethemadoulet pere d'Asaph-Cã, & de la Reine Noursian Begem: là est aussi son tombeau, qui a cousté iusques à 350. roupias*, & qui en coustera bien le tiers d'autant auparauant que d'estre acheué.

*Le nombre n'est pas exprimé dans l'Original.

    Le Roy a encor deux autres maisons de plaisir au dehors de la ville, les grands de son Estat y ont leurs iardins qui leur seruent aussi de lieu de sepulture, car ordinairement ils y font bastir leur tombeau auec beaucoup de magnificence. Ie me contenteray de dire que tous les dehors de la ville sont occupez de ces iardins, sans entreprendre de les nommer tous: pour ce qui est du traffic de cette ville & de tout le reste de cét Estat, il estoit fort florissant du temps du regne d'Achabar, & mesmes dans les premieres années du Roy d'auiourd'huy: il n'a commencé à deschoir que depuis que le Prince ayant quitté les affaires, pour s'abandonner tout à fait aux plaisirs, les Gouuerneurs des Prouinces ont abusé de leur authorité, & ont ruiné ses sujets, connoissant que leur plaintes durant ce temps-là ne pourroient iamais arriuer aux oreilles de ce Prince. Quoy que le trafic de cette ville ne soit pas dans son ancien lustre, elle ne laisse pas d'en auoir tousiours quelque partie, à cause que toutes les marchandises qui viennent, de Guseratte, de Tatta, du pays de tSinda

DES INDES ORIENTALES.

de dahaar, Molthan, & qui vont au pays de Decan, ou que l'on transporte de ce mesme pays & de Barampour aux pays que ie viens de dire, ou à Lahor, ou Brampour. celles qui viennent de toute la coste du Golphe de Bengale & de Poerob, sont obligés de passer par là. L'on compte de Poerob 600. cos iusqu'à Ziagenaert; il y a plusieurs grandes villes sur le chemin, comme est Elabas, qui est éloigné de cette ville de 150. cos. Ziaunpoer 25. cos au delà; on tire de cette ville quátité de toiles pour les turbans, & pour les mouchoirs, des tapis de laine & d'autres lingeries qu'ils apellent chelas zielael tzey: 5. cos plus loing est la ville de Bonares, d'où l'on tire des toiles pour les mouchoirs & pour les turbans, & les estoffes dont s'habillent les femmes de ce pays cy, auec cela beaucoup de vaisseaux de cuiure & autres meubles. Ouda est à 3. cos plus loing, l'on y trouue de grosses toiles, qui ont seize ges de longueur. Lahor est à 15. cos de là; l'on y fait ce qu'on appelle jambertis, qui est vn assortiment de toile blanches, qui ont 14. ges de longueur, & sont de differentes largeur, on les vend depuis 4. iusques à 10. roupias la piece. Pettena à 300. cos, rend tous les ans 2. ou 300. maon de soye, dont la meilleure se vend 128. roupias, les cinquante liures; & cette soye se debite principalement à Gusarate: les Anglois ont eu autrefois vne factorerie en cette ville, mais depuis six ou sept ans ils ont abandonné ce commerce, partie faute d'argent pour le continuer, partie aussi à cause qu'on a les soyes de Perse à meilleur marché; on trouue aussi dans la mesme ville ce qu'ils appellent cassen, mais d'vne espece qui est fort grossiere & qui se vend quatre ou cinq roupias la piece, & des boucliers dont on fait icy grand debit; pour ce qui est de Chabaspoer & de Zonarchane auec tous les villages qui en dependent & qui s'estendent iusqu'à Ziagenaet, ce sont lieux où il se fait grand nombre de toiles, & celles qui ont le plus de reputation dans ce pays, ils les nomment Cassen tres-fines, Malsey Malmos, qui sont plus longues & plus larges que dans les autres lieux; car la cassa ordinaire au plus entre 21 ou 22 ges de long, & vn ges vn huictiéme de large, mais celle-cy sont longues depuis 24. iusques à 25. & en ont vne & demy de large, & cette mesure reuient à 30. aulnes d'Hollande & vne & demy de large.

Ziagenaet qui est éloigné de 600. cos iusques où s'estend la Prouince de Poerob, & ou celle de Bengale commence, rend aussi des Cassen fort fines, & d'autres toiles nommées en leurs langues Malmols, hamaum, & tzehen, qui est vne espece de toile fort belle & fort large, qui seroit propre à faire des draps; mais à cause qu'elle est trop fine & trop chere, l'on l'employe rarement à cet vsage: Plus loing l'on trouue dackia, tzettagam, pipelu, bandar, orixa. Les Portugais ont eu autresfois grand commerce en ces quartiers, ils y auoient mesmes des villes entierement habitées par ceux de leur nation; mais le Roy d'apresent y a basti des Chasteaux, il les tient par là à sa deuotion. Les Portugais de Malaca, & Macao, auoient accoustumé d'y venir tous les ans auec beaucoup de vaisseaux, ils y apportoient des espiceries, de la laque, du plomb, du vif argent, du vermillon, & en tiroient pour le retour de la toile blanche, & des Cassen de Bengale qui ne sont point tissuës comme les autres, car le fil en estrude & de mauuaise qualité, le debit en est difficile par cette raison. Ces pays au reste ont abondance de grains, de ris, de sucre & de beure, que l'on transporte ailleurs sur la riuiere Zemena, & sur des bœufs, qui sont la voiture ordinaire du pays.

On apporte en ces quartiers sur des vaisseaux beaucoup de sel d'vn lieu nommé Tsamber; car il s'en fait fort peu dans ce pays: on y apporte aussi l'opium de lassa fetida, qu'ils appellent dans le pays Hing, des chits ou toiles peintes, d'autres estoffes rouges de Barampour, qu'ils nomment chalou, de l'Aarmoisin de Lahor, des cheuaux, grande quantité de cotton, qui croist en grande abondance entre Surrate & Barampour.

On trauaille à Phettapour, qui est éloigné de douze cos de cette ville, beaucoup de taffetas, l'on les peut faire trauailler aussi fins qu'on les commande;

Seconde Partie.   A ij

on les vend ordinairement deux roupias vn quart, ou trois roupias le ges en carré: il ne se fait point d'autre traffic en cette ville, & si on y trouue d'autres marchandises, elles y ont esté portées d'ailleurs; les artisans qui trauaillent à ces manufactures, executent fort bien tout ce qu'on leur donne à imiter, mais ils ne peuuent rien trouuer d'eux mesmes.

Comme l'Indigo est le plus grand trafic des pays de Kohel, Meuwaet, & qu'il s'en fait dans tous les villages de la Prouince d'Agra & Bayhana, & que de là on le porte par tout le monde; ie descriray icy la maniere de le semer, de le cultiuer, de le trauailler, & aussi celle de l'acheter. Ils sement leur Indigo au mois de Iuin, qui est le temps auquel il commence à pleuuoir, dans chaque biga, qui est vne mesure de terre carrée de 60. aulnes d'Hollande; de chaque costé ils sement 14. ou 15. liures de graines; s'il pleut assez, en quatre mois de temps l'Indigo croit à la hauteur d'vne aulne, & on le couppe sur la fin de Septembre ou au commencement d'Octobre. Les feüilles de l'Indigo sont rondes & assez semblables au qui croit en nos quartiers: lors qu'ils tardent trop long-temps à en faire la recolte, les froids suruiennent & l'Indigo n'a pas tant de couleur, & lors qu'on le trauauaille il deuient brun & sans lustre, car il ne sçauroit souffrir le froid; c'est vne bonne marque d'vne grande recolte quand il vient beaucoup d'herbes au lieu où il est semé, ils s'en réiouïssent, quoy qu'ils ayent bien de la peine à l'arracher; le temps de la recolte estant venu, ils couppent l'Indigo à quatre doigts de terre, & l'année suiuante la tige qu'ils ont laissée repousse, & produit cette autre espece d'indigo, qu'ils appellent Ziarie: ils ne mettent ordinairement dans chaque puits qu'autant d'Indigo qu'ils en ont recueilly dans vne de ces mesures de terre, qu'ils appellent biga, & l'y laissent pourrir l'espace de dix-sept heures; ce puits à 38. pouces en carré & la hauteur d'vn homme de profondeur; après ce temps ils font couler l'eau de ce premier puits dans vn autre qui est plus bas, qui a 32. pieds de circuit & six pieds de profondeur, deux ou trois hommes qui sont dedans la remuent en battant des pieds & des bras, & par ce mouuement font prendre couleur à l'eau, elle paroit chargée d'vn bleu obscur; ils la laissent après reposer seize heures, & dans ce temps-là la graisse & la saleté qui est dans l'eau se ramassent dans vn trou, en forme de cloche, qui est au fond du puits: ils font écouler l'eau par vn couloir, qui est à la hauteur du fond du puits: ils prennent après l'Indigo qui est demeuré au fond; l'estendent sur des linges, iusqu'à ce qu'il deuienne semblable à du sauon. C'est de cette matiere qu'ils font les balles d'Indigo, couurant de cendre le lieu où ils l'estendent, afin qu'il prenne plus aysement cette figure: ils mettent dans vn pot de terre ce qu'ils ont ramassé dans chaque puits, le bouchent soigneusement, de peur que l'air ou le vent venant à donner dessus ne le desseiche trop; car ils ont l'experience qu'vne heure de vent le seiche dauantage qu'vne heure de Soleil: ils appellent Dadra cette quantité d'Indigo, qu'ils ont tiré d'vn de leurs puits; il pese ordinairement depuis douze iusques à vingt ceers, & cela plus ou moins selon que l'Indigo à bien profité, i'entends qu'il pese ce poids lors que les paysans nous le vendent; car il diminuë bien de cinq ceers par maon après qu'il a esté empaqueté. Cet Indigo qu'ils appellent Nouty à vne couleur brune, est grossier, & est aisé à connoistre en le maniant & en le rompant: il est propre pour teindre des draps de laine & de grosses estoffes, car il court plus que celuy qu'ils appellent Ziarye.

Cette tige de quatre doigts, que nous auons dit qu'ils ont laissé au mois d'Octobre, croit tousiours iusques au commencement du mois d'Aoust de l'année suiuante, & ordinairement en ce temps-là elle a vne aulne & demy d'hauteur; ils la coupent & la trauaillent comme nous auons dit cy-deuant du Nouty quand il a beaucoup plû: l'Indigo que nous auons appellé Ziarye, croit auec tant de force, que l'on en fait trois fois la recolte, vne fois au commencement du mois d'Aoust, vne autre au commencement de Septembre, & vn autre fois au temps que l'on couppe celuy que l'on nomme Nouty : ils appellent Catel celuy qui vient de cette troisiéme recolte, quand les pluyes donnent de la sorte on est asseuré que l'Indigo sera à bon marché cette année-là.

L'Indigo qu'ils appellent Ziarie est d'vne espece plus noble que celuy qu'ils appellent Nouty; car il tire sur la couleur violette, ce qui le fait assez distinguer des autres ; à la main, il est plus leger que celuy qu'ils appellent Nouty; mais pour bien connoistre l'Indigo, il le faut voir au Soleil sur le midy, car quand il est doux & fin, il vous fait voir les couleurs de l'arc-en-ciel, qui changent en sorte qu'on ne peut pas dire precisement de quelle couleur il est, & s'il est plain de sable ou d'autres impuretez qu'ils y mettent assez souuent pour en augmenter le poids, ou qui s'y attache, par leur negligence, lors qu'ils font leur plotte d'Indigo en vn endroit où il y a du sable, ou qu'ils le tiennent exposé au vent, qui y en porte; ce deffaut se connoit aussi-tost en le regardant au Soleil. L'espece qu'ils appellent Catel, est vne mauuaise marchandise, dure, morte, semblable à vn charbon, sans lustre & sans couleur, on le vend la moitié de ce que vaut le bon, ceux qui l'achetent le broyent & le mettent dans des paquets, après l'auoir meslé auec les meilleures especes d'Indigo, c'est à quoy il faut bien prendre garde lors qu'on l'achete dans des sacs ou dans des pots; car ceux qui l'achetent de la sorte, courent risque d'estre trompés, par ce meslange que nous venons de dire de l'Indigo Catel, qu'ils appellent autrement Nouty huyleux; ceux qui l'acheteront dans des pots, doiuent prendre garde que ce qui est au fond soit de mesme nature que le dessus du pot; car bien souuent ils en mettent à l'ouuerture de meilleure espece, & au fond de celle qu'ils appellent Nouty; ou bien ils en mettent de sec à l'ouuerture du pot, & d'autre au fonds qui est mouillé & pesant comme de la terre. Cet aduertissement sera vtile à ceux qui en feront emplette : lors qu'on a la commodité, il est bon de le depaqueter pour le peser, car en rompant les pelottes on vient à en connoistre exactement sa bonté : il seroit bon de faire tousiours cette diligence, de rompre les pelottes, outre qu'il seiche dauantage à le peser au Soleil; il y a maintenant beaucoup de ces gens qui font l'Indigo, qui ne veulent plus couper celuy qu'ils appellent Catel, car il y a autant de frais qu'à trauailler celuy de la meilleure sorte, outre qu'ils n'en tirent pas la moitié de teinture qu'ils en tirent des bonnes especes que l'on vend vne fois autant, c'est pourquoy beaucoup le laissent monter en graine, & ne le couppent que l'année suiuante.

De ces trois especes d'Indigo, celle qu'ils appellent le Nouty n'a pas encor toute sa force, le Ziarie l'a toute entiere, & le Catel en a perdu la plus grande partie, aussi ne le vend-on que la moitié de ce que l'on vend le Ziarie, & le Ziarie, qu'vn roupias sur chaque maon dauantage que le Nouty.

S'il pleut trop peu la graine de cette plante ne leue point, s'il pleut trop & ne fait pas assez de Soleil, la plante pourrit & verse : il arriue quelquefois que le Nouty reussit bié, mais que le Ziarie qu'on doit recueillir aprés au mois de Decembre, de Ianuier, & de Feurier, est pris du froid, & tellement gelé, qu'il n'y a rien a en esperer : si les pluyes ne viennent que fort tard, comme au mois de Iuin ou à la-my Iuillet, la plante se seche & ne profite plus. Il y a eu si grande quantité de sauterelles ces trois dernieres années, qu'elles ostoient la veuë du Soleil aux mois de Iuin, Iuillet & Aoust, & qu'elles ne laissoient pas vne feüille dans les champs où elles s'arrestoient. Elles affligerent principalement les pays qui sont vers Bayana, ce qui fit monter de prix l'Indigo. L'année 1621. il tomba des pluyes si continuelles au mois de Septembre, que tout le pays fut couuert d'eau, & les paysans qui ne croyoient pas trouuer le debit de leur Indigo à cause de la grande quantité qu'il en paroissoit, à peine en purent ils recueillir 400. paquets, ce qui reduisit en vne extréme pauureté beaucoup de gens qui viuoient de la culture de cette plante, le pays s'en est tousiours senty depuis, & n'en recueilloient pas maintenant la moitié de ce qu'ils en retiroient autrefois.

Seconde Partie.

On ne fait pas plus de 300. pacquets d'Indigo aux enuirons de la ville de Bayana, mais auſſi eſt il meilleur que celuy qui ſe fait dans les villages qui en dependent, & que ie marqueray cy-aprés; les puits où ils le mettent ſe rempliſſent d'eau ſalée, ce qui fait paroiſtre leur Indigo vn peu dur lors qu'on le rompt. Il ſe rencontre quelquesfois que de deux puits qui ſeront proche l'vn de l'autre, l'vn ſera d'eau ſalée & l'autre d'eau douce, & l'Indigo d'vne meſme terre qui aura eſté preparé dans vn puits ſalé, ſe vendra vn roupias par Maon dauantage que celuy qui aura eſté preparé dans vn puits d'eau douce. Les villages où on fait cet Indigo dependent de cinq places principales que ie nommeray icy, les ſuiuants dependent de Bayana, Ebrahamie-Debat 1. cos, Ferſo 4. cos, Otchin 6. cos, Patchiona 5.cos, tSououa 4. cos, Pinyora 6. cos, Naunava 6. cos, Birampoer 4. cos, Melek-Poera 4. cos, Peretcha 5. cos, Azenaulie 4. cos, Baziola 4. cos, Pedaulit 4 cos, Gordaha 5. cos, Helleck-zeos : Nade Bij 10. cos, Pehertzi 7. cos, Radauwel Khera 4. cos, Mimbera 7. cos, Berouwa 5. cos, Ratziona 7. cos, Indi-ara 4. cos, Tſiereer Panna 5. cos, Pirampoer 4. cos, Catchioera 4. cos : Chanoua 10. cos à coſté de l'Oeſt, & dans la dependance de Bayana ſont les villages ſuiuās; Mahal 2. cos, Roubas 2. cos, Tzourtſouda 1½. cos, Daber 2. cos, Mahalpoer 1. cos, Garaſſa 1. cos, Danagham 2. cos, Bockolitt 1. cos, Barawa 1½ cos, Ordol ½ de cos, Ziazewolia 1½ cos, Phettapoer 5. cos : Bas-fower à 10. cos à l'Eſt de Bayana ſont ces villages qui en dependēt, Wyris 3. cos, Kattſoulpoer 4. cos, Heſſaunda 4. cos, Tzerres 2. cos, Barolu 1½ cos, Ziara thara 3. cos, Pantha 2 ½ cos, Tzettolie 3. cos, Tſonoher 6. cos, Tſonheri 6. cos : Hindaun a 10. cos : Bayana a ſous ſa iuriſdiction Khera 2. cos, Ziamalpoura 2. cos, Kottopoer 2. cos, Hatzianepoer 3. cos, Vanſier poer 6. cos, Tzeroot 5. cos, Ziotowali 6. cos, Kardauſie 6. cos; Tora qui eſt à 18. cos de Bayana a auſſi quelques villages qui en dependent, où on recueille bien 100. paquets d'Indigo, qui eſt d'vn violet fort brun.

On tire encores beaucoup d'Indigo de Koheloff gorſa, qui eſt à 30. cos d'Agra de l'autre coſté de la riuiere. Les Armeniens & les Marchands de Laor & de Cabouſſe achetent tout cet Indigo, qui eſt fort bon, quoy qu'il n'aye pas tant de reputation que celuy de Bayana, nous n'en achetons point par cette raiſon, ny les Anglois auſſi : il ſeroit à propos d'en acheter quelques paquets, afin que Meſſieurs de la Compagnie en peuſſent faire l'eſſay, & voir comment il reuſſit à la teinture; car s'il ſe trouue auſſi bon que celuy de Bayana, nous ne ſerions point obligés de paſſer par les mains de ceux Bayana; ils en recueillent tous les ans l'vn portant l'autre 800. paquets. Meeuwat depend d'Agra, ce quartier en rend tous les ans 1000. paquets, mais l'Indigo en eſt huileux & ne vaut pas grand choſe : il y a ordinairement du ſable meſlé, ils ne le font point en la maniere de ceux de Bayana, mais ſuiuent celle de Sirchees, qui le pilent pour en tirer la ſubſtance des feüilles, le mettent dans vn puits, qui a la forme d'vn vaiſſeau où on bat le beure en Holande, le remuent continuellement, en oſtent ce qui vient au deſſus; cet Indigo ne ſe vend que 20. roupias le Maon, quand celuy de Bayana en vaut 30. encore le meilleur ne ſort-il point du pays, & ſe tranſporte par tout l'Indoſtan, & aux autres places voiſines où il n'en croit point.

Pour ce qui eſt de la maniere d'acheter l'Indigo, l'experience que i'en ay de pluſieurs années, me fait croire qu'il faudroit garder cette conduitte, i'entends que lors que celuy qu'ils appellent Ziarye n'a point ſouffert d'accident, & que l'autre qu'ils appellent Nouty a eu les pluyes à propos, mon ſentiment ſeroit qu'on enuoye vn homme ou deux à la fin d'Aouſt, ou au commencement de Septembre à Ghanoua & aux villages qui en dependent, & qu'ils achetaſſent tout, à cauſe qu'il eſt fort bon; mais s'il n'y auoit pas apparence d'vne grande recolte, il ſeroit mieux qu'il demeura à Ganoua, & qu'ils l'achetaſſent de certains Marchands Payens ou Mahometans qui y demeurent, & qui auancent de l'argent aux payſans, les obligeant à ne donner point leur Indigo, quand il ſera meur, à d'autres qu'à eux : ceux-là nous le donneroient volontiers pluſtot qu'à d'autres, outre qu'ils en culti-

DES INDES ORIENTALES. 7

uent eux-mefmes beaucoup, autrement fi vos facteurs couroient de village en village, peut eftre qu'au premier ils l'auroient à bon marché, mais au fecond village on leur voudroit augmenter de prix, dont i'ay veu plufieurs exemples. Les Armeniens l'achetent de cette maniere, & quand ils en font fournis, de peur que les autres n'en profitent, ils donnent à entendre à ces peuples qu'ils acheteront tout le refte, ce qui nous fait bien du tort. On ne fçauroit empefcher que ces Marchands que nous venons de dire, n'ayent le premier profit de l'Indigo; car ils ont vne adreffe de traitter auec les payfans & de les perfuader, que nous n'aurons iamais. On auoit accouftumé de le pefer dans vn double fac, & d'en rabbatre cinq ceers pour le fac, mais il en faut compter vn ceer dauantage par maon; on donnoit encore 20. ou 30. plotte par deffus le poids, felon que l'Indigo pefoit, plus ou moins, cela emportoit bien cinq ceers par maon; l'on comptoit auffi anciennement 41. ceers pour vn maon, tous ces auantages enfemble faifoient bien fept ceers de plus que le poids, ainfi il eftoit à meilleur marché, & il y en auoit tant en ce temps-là, que les payfans n'en fçauoient que faire, & que ceux qui l'acheptoient d'eux, eftoient obligez d'en garder des centaines de pacquets faute de Marchands; mais depuis l'année 1621. que l'Indigo fut mangé des fauterelles, ils n'en fçauroient fournir autant qu'on en demande, & il n'en demeure point d'vne année à l'autre; ils ont fait depuis les pelottes plus petites, & au lieu de les pefer auec des poids de cinq ceers, ils en employent de dix, il faut quelquesfois 15 ou 16. pelottes pour faire le ceer, ainfi ce qu'ils donnent de plus que le poids eft fort peu de chofe; d'ailleurs cette marchandife feiche plus qu'on ne fçauroit croire; car vn paquet qui aura pefé quatre maons dans le pays, n'en pefera que trois & demy en Hollande, ce qui a fort eftonné autresfois Meffieurs de la Compagnie, qui ne pouuoient comprendre vn fi grand dechet; il feroit neceffaire auffi qu'il y euft vne perfonne exprés à Bayana, car le marché s'y ouure plus tard qu'ailleurs, il feroit affez temps d'y aller au commencement d'Octobre, outre qu'il y a des gens fort riches, entre autre vn Mirfia-Zadoch & vn Gazi fafel, qui recueillent la plus grande partie de l'Indigo de ce cartier là, & qui depuis quelques années n'en ont point vendu à d'autres qu'à nous: c'eft dans leurs maifons qu'on en arrefte le prix ordinairement, vn roupias ou deux par maon plus cher qu'aux autres villages, à caufe que leur marchandife eft meilleure: quand le prix eft arrefté de la forte, chacun peut vendre fon Indigo à qui il luy plaift, tous les autres portant ce refpect à Mirfia-Zadoch à caufe qu'il eft le plus ancien marchád du pays.

Voila en peu de mots ce que ie fçay de l'Indigo, qu'on appelle de Bayana, nous l'auons acheté fort cher auffi bien que les Mogols & les Armeniens, ces quatre dernieres années: les Armeniens le portent à Ifpahan & de là en Alep; pour les Anglois, ils n'en ont acheté que 600. paquets depuis fix ans, car leur trafic eft fort decheu, partie par leur mauuaife fortune, partie auffi par leur mauuais mefnage; mais s'ils s'appliquent à ce trafic, comme ils le fouhaittent fort, & s'ils ont de l'argent pour le faire, le prix de l'Indigo montera apparemment bien haut.

Amadauat eft vne ville de grand trafic, on y apporte d'icy beaucoup de foyes de Patana pour y eftre trauaillée & employée en armoifins, panne, fatins, & plufieurs fortes d'eftoffes curieufes que l'on faifoit venir autrefois de la Chine, des couffins trauaillés auec du fil d'or; on y porte auffi du fpicanardi, du tziorela, de hingh ou affafetida, & cent autres fortes de drogues, des caffen ou eftoffes de Bengale, comme auffi d'autres eftoffes de ce mefme pays & de Pourob, dont les femmes payennes s'habillent; vne autre marchandife qu'ils appellent Pomeris, qui viennent de Caffamier & de Lahoor, & auffi du kand de Bengale, qui eft vne efpece de fuccre blanc.

Pour retour ils rapportent des efcharpes dont ils font leur turbans, des ornemens de tefte pour les femmes, trauaillés auec de l'or, qu'ils appellent Ornis, des velours, des fatins, des noix de cocos, de la cofte de Malabar, des draps de l'Europe, du plomb, de l'estain, du vermillon, du vif-argent, beaucoup d'espiceries, particulierement de muscades, des cloux de girofle, de la canelle, du Macis, du bois de sandal, la pluspart desquelles marchandises ils achetent de nous à Surate, & qu'ils auoient autresfois des Portugais à Cambaya, mais maintenant ce commerce est presque esteint, & au lieu qu'autrefois il y venoit trois carauanes ou cafiles, c'est à des flottes de vaisseaux des marchands de Goa, Cochin, Bessiain, Doman, & de toute la coste des Indes, qui estoient conuoyez par l'armée Portugaise, qu'ils appelloient armada de remos, & asseurés par là des courses des Malabares, ennemis irreconciliables des Portugais. Cette année 1626. il n'est venu que quarante vaisseaux encor de peu de valeur, qui est la cause de la decadence non seulement de Cambaya, mais de tout le pays de Guzarate : en ce temps-là les espiceries, les soyes de la Chine & de toute l'Europe passoient par les mains des Portugais, qui se contentoient d'vn gain mediocre & d'y gaigner dix ou quinze pour cent, & les Marchands du pays qui leurs donnoient en échange d'autres estoffes, y trouuoient leur compte, toute la hayne de ce changement est tombée sur nous; ils disent que nous en sommes la cause, & qu'au lieu d'vn million de roupias, qui est la somme à laquelle peut monter tous les ans nostre trafic & celuy des Anglois; ils en faisoient autrefois vn cent fois plus riche, non seulement dans ces pays, mais aussi en Perse & en Arabie.

Pour ce qui est de nostre commerce en ce pays on l'auanceroit notablement, si Messieurs les Directeurs vouloient escouter ce que des gens, qui en ont vne longue experience, leurs en ont representé ; principalement pour le fait du commerce des espiceries, dont il semble qu'ils ne connoissent pas encor toute la consequence : ces espiceries sont les fruits de certains arbres qui ne croissent que dans les païs qui dependent de Messieurs de la Compagnie ; comme dans les Moluques & dans l'Isle de Banda, par cette raison Messieurs les Directeurs n'en deuroient point enuoyer autre-part, dans la coste de Coromandel qu'à Karnataka, Golconda & lieux circonuoisins; 200. maon de clouds de girofle, autant de muscades, & 20. fockes de cannelle fourniroient ces places; car dans tout le pays de Carnataca ce sont Payens, qui se seruent fort peu d'espiceries : il en est de mesme du pays de Golconda & de Kercka, & pour ce qui est de ceux qui suiuent le camp de Melckamber, ce sont peuples pauures & superbes, semblables en cela aux Espagnols, & aussi dans la sobrieté de leur viure : les Mogols au contraire, & les soldats de l'Indostan ne different guieres des autres Nations de l'Europe, qui ayment à faire bonne chere. Outre que nous auons descouuert par le moyen de diuers Bayannes qui demeurent icy, & qui tiennent des facteurs à Golconda pour acheter des diamans & des espiceries, on a transporté à Agra par les chemins de Barampoure 300. maons, c'est à dire 15000. liures de clouds de girofle, & beaucoup de noix muscade, de cannelle, d'estain, & de semblables marchandises à proportion, ce qui a fait baisser nos marchandises iusques à dix ou vingt roupias par maon, ou pour mieux dire qui a tout à fait empesché nostre debit ; car comme nous n'auons point de gens à Golconda & Barampour, ausquels nous nous puissions fier, nous ne sçaurions prendre de fiance sur ce que les Payens ou les Mahometans en escriuent, & les Marchands dans cette incertitude ne sçauroient prendre à propos leur party ; peut-estre que ceux qui ont la direction des affaires de la Compagnie à Mazulipatan ne l'ont iamais aduertis qu'ils ne trouuoient pas en ce pays-là le debit du quart des marchandises qu'on leur enuoyoit, peut-estre aussi que s'estant acquitté de ce deuoir, on n'a pas fait le cas que l'on deuoit de leurs remonstrances : cependant c'est vne chose qu'on pourroit esprouuer en deux ans de temps sans beaucoup hazarder, j'entends que outre les 25000. liures de cloud de girofle que l'on a accoustumé d'enuoyer à Surate, on en enuoye encore 50000. & de muscade, & de la cannelle & du Macis à proportion, & que l'on ne portast à la coste de Coromandel que la quantité que nous auons dit cy-deuant, Mrs de la Compagnie verroient par

leurs

leurs liures en la premiere seconde année si ce changement que ie leur propose leur est vtile.

Ce seroit assez de 700. maons de cloud de girofle pour Agra, qui reuiennent à 35000. poids d'Hollande, à 200. roupias le maon ou 50. florins d'Hollande.

Six cens maons ou 30000. liures de noix muscade à cent roupias le maon.

Trente pacquets de Macis à 300. roupias le maon, la vente de toutes ces marchandises ne s'esloigneroit gueres de ces prix, on en receuroit ce qui suit.

De 700. maons de cloud de girofle à 200. roupias le maon.   140000. roup.
De 600. maons de muscade à 100. roupias le maon.   60000. roup.
De 30. paquets de Macis, qui peseront selon mon estime 50. maons. 15000. rou.
                                                                                            215000. roupias.

Auec ce capital, nous tirerions d'icy tout ce que Messieurs de la Compagnie souhaitteroient, ou pour l'Hollande ou pour Batauia, & il leur en resteroit encore quelque argent comptant : ils en tireroient 1000. ou 1200. paquets d'Indigo de Bayana, beaucoup de salpestre, de Borax, de lacque, beaucoup d'estoffes; celles qui viennent de Bengale, & toutes les especes de toiles qu'ils tirent d'icy, comme celles qu'ils nomment tziouter, semianes, ambertis, & beaucoup d'escharpes blanches : au lieu que maintenant nous trafiquons icy sans reputation pour la Compagnie, qui y est tousiours chargée de debtes, à cause que celuy qui en a la direction à Surrat ne peut point enuoyer d'argét par les Cafilas qui portent les espiceries; car à peine les vaisseaux sont ils dechargez, que l'argent est employé à faire leur recharge ou retour, ainsi nous ne pouuons faire estat que de 20000. liures de cloud, de 15000. liures de noix muscade, & de Macis 20. ou 30. pacquets de cannelle : cependant que les Marchands du pays qui sçauent que nous en auons tous les ans cette quantité nous forcét à le donner au prix qu'ils y mettent; car ils sçauent aussi bien que nous, qu'il nous faut de l'argent comptant pour acheter le salpestre, les toiles & autres marchandises, qui ne s'échangent point; & si nous faisons difficulté de le donner au prix qu'ils le veulent, ils se seruent des espiceries que leur enuoyent les Marchāds Mahometans de Golconda, encore qu'elles ne soient pas si bonnes que les nostres; car ils ont certaines addresses de les moüiller, tellemét que non seulement la secheresse ne les fait point diminuer de poids par le chemin, mais mesme elle augmente de poids de 8. pour cent sur le cloud de girofle & des 3. ou 4. pour cent sur les noix muscade. Le mois de Septembre estant venu, qui est le temps auquel commence la moisson de l'Indigo, nous sommes obligez souuent malgré nous, de vendre nos épiceries, quoy que nous voyons clairement que ceux à qui nous les vendons, les reuendront vn moment après 14. ou 15. roupias dauantage chaque maon : le remede seroit de faire venir icy 20000. roupias par la caffila ou carauanne, car pour ce qui est des lettres de change que l'on enuoye, elles ne se payent jamais, que lors que la Compagnie a desia souffert cette perte; l'autre remede seroit de n'enuoyer point d'espicerie sur la coste, & de faire passer ce debit tout entier par les mains de ceux qui seroient icy à Agra.

La cherté qui y est maintenant oste à ces peuples l'enuie du cloud de girofle, au lieu que si on le baissoit de prix, le bon marché feroit que plusieurs en acheteroient qui ne s'en seruent pas auiourd'huy : & i'ay entédu dire à beaucoup de vieux Marchands, que les Portugais dans le temps qu'ils estoient les Maistres de ce commerce, en debitoient trois fois plus que l'on ne fait maintenant; ils le vendoient depuis 60. iusques à 80. roupias seulement, ce bon marché faisoit qu'il s'en consommoit beaucoup, & il n'y auoit point de paysan qui n'en fit porter des brasselets & des colliers à sa femme & à ses enfans. Les Portugais apportent d'icy de Timor beaucoup de bois de Sandal, de Timor ils le portent à Malaca, & de Malaca à Goa & à Cambaya; c'est pourquoy ie ne trouueroy pas à propos d'en enuoyer icy plus de 80. maons ou de 400. liures, qu'on ne peut pas vendre plus de 500. roupias le maon; il y auroit beaucoup de profit à faire sur la marchandise que nos

Seconde Partie.   B vaisseaux apportent d'Hollande, si les Anglois n'en apportoient point si grande quātité tous les ans, attirés par le souuenir du profit qu'ils y ont fait autrefois, lorsqu'ils estoient les seuls Maistres de ce commerce; ils apportent beaucoup de branches de corail, 1000. aulnes de gros draps, iaunes, rouges, gris, que l'on a en Hollāde pour 4. chelins, ou 4. chelins & ½ la gerde; & qu'ils vendent icy iusques à 8. roupias la gesse. ils y portent aussi beaucoup de vermillon, de vif argent, d'yuoire, diuerses sortes de cousteaux, sur lesquels ils gaignoient beaucoup. Ils ont enuoyé des vaisseaux entiers chargez de sabres & de cousteaux, mais la rouïlle en gastoit autāt qu'ils en pouuoient vendre pour la Cour du Prince; ils apportent des tapisseries de soye & de laine, où il y a les histoires du vieux testament representées, de grosses perles, des rubis, de rubis balays, des ouurages d'or enrichis de pierreries, toutes sortes de nouueautez & de curiositez, qu'on n'a point encore veu en ce pays-là, & dont le Mogol d'auiourd'huy est fort curieux: ils se sont rendus par là considerables dans cette Cour, & se sont fait beaucoup d'amis entre les principaux, ausquels ils vendent ces curiositez plus qu'elles ne valent, & font passer la chose pour vn trait d'amitié. Il est vray qu'ils ont de la peine à en tirer de l'argent, & qu'ils courent souuent grand risque, à cause qu'il n'y a point icy de fortune si establie, qui ne se puisse renuerser du iour au lendemain. Les Anglois ont entretenu autrefois vn Ambassadeur auec grande depence, maintenant le Marchand qui a la direction de leur commerce en fait la charge, & sollicite à la Cour les Firmans & les ordres qui leurs sont necessaires: Tous les iours ceux de la Cour nous demandent pourquoy nous n'auons pas de si bons ouuriers que les Anglois, d'où vient que nous n'auons pas la mesme curiosité pour les pierreries; il seroit de la reputation de la Compagnie d'y enuoyer tous les ans pour 100000. liures de pierreries, qu'ils appellent toffa, i'entends de grosses perles, de grosses emeraudes, de la vieille roche, de beaux ouurages d'orfeurerie, dont la maniere seroit plus aysée à faire entendre de bouche, qu'il ne seroit facile d'en faire icy la description: ils estiment beaucoup les pieces qui paroissent tout autres au dehors qu'au dedans, les coffres qui s'ouurent auec de nouuelles inuentions, & mille autres curiositez, qui se trouuent assez souuent à la foire de Francfort; mais il faut que ce soit des ouurages de Maistre; car pour ce qui est de ces bagatelles qui se vendent à Paris chez les Merciers, ils n'en font pas de cas, & tout leur pays en est plain: il faudroit enuoyer en ce pays-cy les marchandises suiuantes.

Dix ou 12. pieces de tapis de soye ou de soie meslée auec de la laine, longs depuis 4. iusques à six aunes, & de deux aunes & demie, ou de trois aunes de large.

Quatorze ou 15. pieces de bon velours rouge, tané ou vert, neuf ou dix pieces de beau satin des mesmes couleurs, il n'y faut point de drap d'or, car ils en tirent de Perse plus large que les nostres, & à meilleur marché.

Neuf ou dix liures de   de toutes couleurs hors-mis de noir, des petites ciseaux trauaillées curieusement à iour, des cousteaux de mesme, pour en faire des presens, quelques sabres de cinq ou six francs la piece: des miroirs auec la bordure dorée du mesme prix; ces marchandises sont fort propres pour la Cour du Prince, & pour le Camp, & leur proffit redresseroit la Compagnies des aunies & des vexations qu'on luy fait en ce pays.

On pourroit encore vendre icy à Agra, tous les ans 50. maons ou 2500. liures de vif-argent, que i'estime que l'on pourroit vendre 160. ou 180. roupias le Maon.

Cinquante maons de vermillon, depuis 180. iusques à 200. roupias le Maon.

Trente Maons d'estain à 38. iusques à 40. roupias le maon.

Cinquante maons de dents d'Elephant, mais il ne faut pas qu'elles soient gersées; car elles vaudroient la moitié moins; par cette raison il les faudroit faire sier à Surrat de la hauteur de 4. doigts piece, faire fondre de la cire dessus, & les empaqueter dans des corbeilles, de peur que la chaleur ne le face fendre: les entieres pourront valoir depuis 70. iusques à 80. roupias, celles qui seront fendues ou gersées, depuis 20. roupias iusques à 30. ils en font au tour des anneaux

Cent gesses font 120. ausnes d'Hollande.

Sumalierfel

pour les femmes des Payens : car c'est l'ornement le plus ordinaire de celles des Prouinces de Multan & de Poerob : fort peu ou point du tout de ces draps rouges qu'on nous a enuoyés de dix ou douze francs l'aune, car l'on en trouue peu de debit, comme les Anglois l'éprouuent tous les iours.

Les Directeurs s'estonneront peut-estre de ce qu'il y a si peu de debit à faire dans vn si grand pays, ie leur diray sur cela, que le proffit du commerce seroit bien plus grand si les Portugais & les Anglois n'y auoient point de part ; ie leur porteray cet exemple, que l'année que les Portugais donnerent la chasse aux vaisseaux Anglois, & qu'ils les obligerent de passer aux Isles Moluques, le vif-argent monta iusqu'à deux cents cinquante roupias le maon, & le vermillon a 320. roupias, le corail & les autres marchandises hausserent de prix à proportion, ce qui fait voir qu'enuoyer peu & vendre bien, vaut mieux que de se charger d'vne plus grande quantité de marchandises; car les Marchands de ce pays cy, comme ils ne peuuent pas souffrir vne grande perte, aussi ne sont ils pas fort entreprenans, & ne se chargent pas de beaucoup de marchandise, ayant tousiours l'œil au profit present, outre que empruntant de l'argent à dix ou douze pour cent, cet interest les consomme dauantage qu'ils ne pourroient esperer de profit en gardant leurs marchandises : les plus riches icy donnent leur argent à cet interest, ce qui n'est point honteux, mais fort ordinaire en ces quartiers.

Tous les poids de ce pays se reduisent à deux sortes, comme aussi toutes leurs mesures, celles d'Agkbar & de Ziamger ; car le Roy d'auiourd'huy a augmenté tous les poids & toutes les mesures de vingt pour cent, de plus qu'elles n'estoient au temps de son pere, par exemple vn ceer d'Agkbar pese trente poids ou vne liure & vn cart, & celuy de Ziamger en pese 36. ou vne liure & demye, ainsi le maon d'Agkbar pese 50. & celuy de Ziamguir 60. Voila vne difference qui se trouue dans leur mesure qu'ils appellent gues & dont six vingt font cent de nos aulnes.

Les monnoyes du pays sont des roupias de plusieurs sortes, les vieilles qui ont esté battuës du temps d'Agkbar, qu'ils appellent gasana, celle qu'ils nomment tzlene ont esté battuës du temps du Mogol d'auiourd'huy, les changeurs les estiment le double des premiers.

La roupia qu'ils appellent ziangri vaut 20. sur cent dauantage que la casana, & lors que le marché a esté fait en monnoye d'Agkbar, la coustume est que l'on mesure aussi la marchandise à la mesure du mesme Prince.

Ils ont peu de monnoye d'or, les simples valent 7. roupias & les doubles 14. on en fait commerce à mesure qu'elles sortent du tresor du Prince, & les grands Seigneurs en font amas; ils appellent pises leur monnoye de cuiure, il en faut cinquante-huict pour faire vne roupia, il y a encor des monnoyes plus basses pour les pauures gens, qu'ils nomment caurio.

Le salpestre se trouue en plusieurs endroits mais principalement à 15. ou 20. cos à l'entour d'Agra, & dans des villages qui ont esté cy-deuant fort habitez, & sont maintenant deserts, on le tire de trois sortes de terres noire, iaune & blanche, le meilleur est celuy que l'on tire de la terre noire, car il est sans sel commun, ils le trauaillent de la maniere suiuante ; ils font deux puits plats par le fond, côme sont ceux où l'on fait le sel commun, l'vn a beaucoup plus de circuit que l'autre, ils remplissent le plus grand de terre sur laquelle ils font courir de l'eau, & à force de monde ils le pietinent & le reduisent en vne consistence de boulie, ils la laissent ainsi deux iours, afin que l'eau puisse prendre tout le sel qui est dans la terre ; ils font passer apres cette eau dans vn autre puits, dans lequel elle se cristalise en salpestre, on le fait cuire vne fois ou 2. dans vne chaudiere selon qu'on le veut auoir plus blanc & plus pur, pendât qu'il est sur le feu ils l'escument continuellement & le versent dans des grands pots de terre, qui tiennent 25. ou 30. liures ; ils les exposent au serain de la nuit, & s'il y est demeuré quelque impureté elle tombe au fond : ils rompent les pots, & le seichent au Soleil, on en pourroit tirer de ce pays cinq à

Seconde Partie.   ✱ B ij

six mille maons; les payſans qui voyent que nous en achetons, & que les Anglois commencent à faire le meſme, nous vendent maintenant deux roupias & demy le maon de 64. liures, dont ils nous faiſoient auparauant meilleur marché de la moitié.

Laor eſt ſur la hauteur de   à 300. cos d'Agra, en tirant vers le Nordoeſt c'eſtoit vne place de grand trafic, lors que les Armeniens & les Indiens portoient par terre à Alep les marchandiſes des Indes; c'eſtoit l'eſtape de l'Indigo, car on le portoit-là d'Agra & de tous les autres lieux où on le fait: les carauanes en partoient en vne certaine ſaiſon, & c'eſt par cette raiſon qu'on l'appelloit anciennement l'Indigo de Laor; mais depuis que les nations de l'Europe ſont venus aux Indes auec leurs vaiſſeaux, elles ont entierement fait changer de route à ce trafic; car elles tranſportent ces marchandiſes par Mer auec beaucoup moins de frais que les autres marchands ne le pouuoient faire par terre. Il ne reſte plus à Laor que la memoire de ce trafic, dans quelques familles qui ſe ſont enrichies par ce moyen, & la ville ſeroit preſque deſerte ſi le Prince n'y paſſoit cinq ou ſix mois de l'année, durant les plus grands froids; car il paſſe les chaleurs à Caſimire ou à Cabul: la riuiere de Rauy paſſe deuant Laor, ſa ſource eſt dans les montagnes de Caſimir, elle prend ſa courſe au trauers de la Prouince de Moltan, de Bacher & de Zata: on porte ſur les vaiſſeaux qui vont par flotte, beaucoup de marchandiſes, principalement des armoiſins & tafetas que l'on trauaille à Laor, outre pluſieurs autres marchandiſes que l'on tranſporte d'ailleurs par cette voye, comme les fruits de Cabul, l'aſſa fetida, de Candaos, diuerſes marchandiſes qui ſe trouuent dans la Prouince du Multan. D'icy l'on porte en ces quartiers la pluſpart des eſpiceries que nous y auons vendües, toutes ſortes de toiles blanches de Bengale, & de Colconda, de l'yuoire, du vif-argent, du vermillon, du corail, des turbans, des ceintures, eſtoffes de ſoye de Amadabat, de la ſoye de Patana, de la laque, du poiure, & vne ſi grande diuerſité de drogues, que ie n'oſe entreprendre de les nommer.

Moltan eſt la capitale de la Prouince, qui porte le meſme nom: elle eſt à 140. lieuës au Nord de Laor, le terroir en eſt fertile, & elle eſt ſur le chemin de ceux qui vont à Candaar: trois riuieres qui y paſſent rendent cette ville fort marchande, celle de Raowileour, vers Bacher, & vers Laor celle de Beerd, tire ſon origine des montagnes de Caſamir, auſſi-bien que la riuiere du Zinde, dont les eaux courent auec vne viteſſe incroyable proche de Moultan: elle ne laiſſe pas d'eſtre marchande plus bas. Cette Prouince produit vne grande quantité de ſucre, dont il s'en porte beaucoup vers Tata & vers Laor: il y croit auſſi de l'oppiun, on en tire beaucoup de ſouffre: & les meilleurs Chameaux de tous ces pays: elle eſt renommée auſſi par la bonté des arcs que l'on y fait: on y trauaille des toiles blanches, des ſeruiettes que l'on enuoye vers Candaor; la pluſpart de ces marchandiſes ſe vendent premierement, paſſe aprés icy à Agra, & de là par tout le pays de Syrof & de Laor: on y porte grande quantité de cotton, du gros fil, de toile de Bengale, de turbans, de toiles peintes, vne eſtoffe rouge de Barampoure, qu'ils appellent tzaloup, & quelque peu d'eſpicerie.

Tata eſt la ville capitale du Royaume du meſme nom, elle à eſt vingt cos de la Mer, eſt appellée le port de Laor: c'eſt là que tous les grands vaiſſeaux iettent l'ancre, mais ils ſont obligés de decharger leur marchandiſe dans de petits batteaux, qui ſont neuf ou dix iours à remonter iuſques à la ville, à cauſe de la rapidité de l'eau: Acbar conquit cet Eſtat par le moyen de Cancana: elle eſt au Sud d'Agra, dont elle eſt eſloignée de quatre cent cos, à en prendre la diſtance par le chemin de Zilleet: de Tata à Laor il y a 700. cos, & il faut paſſer par Moltha & par Bacar, ville auſſi autrefois fameuſe par le trafic des toiles blanches, que les Portugais y faiſoient lors qu'ils prenoient leur chemin par le Muſc: les toiles qui s'y vendent, ſelon mon ſens, valent mieux que celles qu'ils appellent Baffas; ils y faiſoient auſſi beaucoup d'autres eſtoffes, du fil, de la ſoye; mais ce trafic ne fe continuë plus, & ceux Difpour font obligez de venir trafiquer à Tata, depuis qu'ils ont perdu le trafic d'Ormus; ils y portent de la foye, mais en cachette, car ce commerce leur eft deffendu, beaucoup d'vne drogue qu'ils appellent fowa, que les Mahometans appellent Maffy, & dont ils tirent vne belle teinture rouge; ils y portent auffi des amandes, des raifins & femblables fruits fecs; mais fur tout beaucoup de ducats d'or, à caufe que la defpence du tranfport des marchandifes en abfoibe le profit : pour retour ils prennent des toiles blanches, des eftoffes de fil, qu'ils appellent Taffacils, des eftoffes pour les turbans, des ceintures, des longis, des toiles de Bengale, de l'indigo, de coel, des eftoffes peintes, beaucoup de fucre: auffi-bien de celuy que nous auons defcrit cy-deuant fous le nom de Cande, que d'vne autre forte qu'ils appellent poyer, & que l'on tranfporte de Laor & de Moltan par eau.

Caffamir eft fous la hauteur de trente degrez, cette Prouince s'eftend vers l'Orient, entre le grand & le petit Tibet; Akbar s'en rendit maiftre par l'adreffe d'vn de fes Generaux nommé Radia-baguan. Cette ville eft plaifamment fituée au milieu d'vne grande plaine, enfermée tout autour de hautes montagnes, qui s'eftendent bien neuf ou dix cos vers le Nord: l'on en voit vne affez proche de la ville où les Mahometans ont la fuperftition de croire que l'on voit encor les veftiges de Salomon, qui s'eft affis deffus: ce pays pro-duit beaucoup de fruits, mais qui n'ont pas fi bon gouft que ceux de Caboul ou de Perfe. Il y fait fort froid au mois de Nouembre, Decembre, & Ianuier, pen-dant lequel temps il y pleut, & il y neige continuellement; les montagnes font couuertes de neige, & c'eft de là d'où viennent ces grands torrens d'eau que nous auons dit cy-deuant. Le Mogol d'auiourd'huy qui eft toufiours incommodé d'vne chaleur qui le brufle à caufe des liqueurs fortes qu'il a beû pendant fa ieuneffe, prend grand plaifir à y paffer les chaleurs.

Il part ordinairement de Laor au mois de Mars ou d'Auril, & arriue à Caffimir au mois de May, & cela par vn chemin tres-dangereux, & de tres-grande dépence; car il n'y a point de befte de fomme qui puiffe paffer ces montagnes, & il faut tout porter à force d'hommes, les eaux auffi font mal faines, mais la caufe qui fait mourir tant de gens dans ce voyage, eft pluftot le grand froid auquel les Indiens ne font point accouftumé; enfin les plus riches mefmes fouffrent beaucoup dans ce voyage, qui fait bien voir que ce Prince ne confidere que fes commoditez & qu'il ne compte pour rien les incommoditez de ceux de fa Cour. Il faut qu'il y ait plufieurs années que ces peuples foient Mahometans; car le Prince fur lequel Akbar conquit cet eftat eftoit le douziéme qui auoit receu le Mahome-tifme: ces peuples font fort fales, les habits de laines qu'ils portent & que leur pauuretez ne leur permet pas de changer: ils font d'ailleurs fort fimples & de meil-leure foy que les peuples de l'Indoftan.

On ne tire autre chofe de cette Prouince que du fafran, qui fe trouue de deux fortes; l'vne qui croit aux enuirons de Caffimir, & que l'on vend icy iufques à 24. roupias le ceer, l'autre qui croit à Cafteuarry, qui eft le meilleur, & que l'on vend ordinairement à 32. roupias le ceer de 30. poids: l'on y trauaille auffi plufieurs Vomeris, qui font des pieces d'eftoffes longues de trois aulnes, & larges de deux, faites de laine de moutons, qui croit au derriere de ces beftes, & qui eft auffi fine que de la foye: on tient ces eftoffes expofées au froid pendant l'Hyuer, elles ont vn beau luftre, femblables aux tabis de nos cartiers; il y croit auffi beau-coup de noix pour teindre que l'on porte d'icy à Agra, les groffes toiles font bonnes pour Caffimir, & celles de fil dont fe feruent les habitans; le poivre & l'o-piun y font auffi de bon debit; pour la cannelle & la mufcade, ce leur font des mar-chandifes inconnuës, & on ne trouueroit pas fon compte à y en porter, fi ce n'eft quand le Roy y fait fa refidence.

Barampour eft efloigné d'icy de 300. cos, en tirant vers le Sud, & eft au Nord

Seconde Partie.

de Surate, dont il est esloigné de 150. cos. Cette ville estoit d'vn grand trafic, lors que Sultan Coron l'auoit pour son apanage ; car il commandoit vne armée considerable contre le Decan, tenoit vne grande Cour, & n'auoit pas moins de curiosité que son pere ; il entretenoit quantité d'habiles ouuriers, & payoit auec plus de liberalité que luy les choses qui luy donnoient dans la veuë ; mais apres qu'il se fut reuolté contre son pere, comme on verra plus au long dans l'histoire de ce pays, l'on donna les places de son apanage à Sultan Peruis son frere, Prince sans éleuation d'esprit, qui passoit les iours à dormir, & les nuits à s'enyurer, sans application pour le gouuernement de son pays, qui ne faisoit point payer ses soldats ; qui par cette raison desoloient les pays où ils estoient logez. Les Anglois auoient accoustumé d'auoir en ce pays-là vne factorerie, & vn magasin de draps, de plomb, d'estain, de vif-argent, de vermillon, de sabres, de satins, de velours, de draps d'or, dont ils faisoient tenir l'argent par le moyen des lettres de change, à Agra & à Surate. Il seroit à propos que nous eussions là vne factorerie, pour y vendre les mesmes marchandises & nos espiceries, & pour retirer des mains des Anglois ce trafic, quand mesmes nous le deurions faire auec perte. Dans la description que ie viens de faire ie n'ay fait aucune mention de quantité de places considerables, à cause que ie n'ay pas creu qu'il importast à Messieurs de la Compagnie d'en auoir connoissance pour le peu de trafic qu'on y fait : ie n'ay pas aussi parlé de quantité de drogues de ces cartiers, ou qu'on y apporte des montagnes de la Prouince de Purbet & de Bouton ; ie me suis contenté d'en escrire les noms & les prix dans vn memoire particulier, que i'ay enuoyé à la Compagnie auec vn eschantillon de chacune, par le moyen duquel il sera plus facile de les connoistre, que par la description que i'en aurois peu faire ; pour ce qui est du Borax, du Spicanardi, & du Sel armoniac, ie m'arresteray dauantage à les descrire, à cause que ce sont des marchandises dont la Compagnie se charge tous les ans.

On trouue le Borax dans les montagnes de Purbet, qui sont sous l'obeïssance de Razia Ribron, dont les Estats s'estendent iusques aux frontieres de la Tartarie Blanche. Son pays a quantité de marchandises de bon debit, comme le Musc, la Ciuette, le Borax, le Spicanardi, le Vif-argent, le Cuiure, vne couleur rouge qu'ils appellent Mizelle, qui en teinture fait vn beau tanné. Toutes ces marchandises se portent à vne ville qui est à 150. cos d'icy, nommé Donga, qui reconnoit le Mogol ; mais qui est gouuernée par vn Prince nommé Razia Beca. L'endroit où le Borax croit se nomme Taaquelcan, c'est vn torrent qui passe au trauers des montagnes de Purbet, & se rend apres vne longue course dans vne grande Mer, qu'ils appellent Masserout, qui doit estre fort esloignée de la Mer Caspiene ; pas vn ou fort peu de ces peuples, disent l'auoir veuë, & selon la description qu'ils en font, ce doit estre la Mer Noire : le Borax croit au fond de ce Torrent en forme de Corail, & on le ramasse deux fois tous les ans, sans y apporter autre preparation, on en tire beaucoup car tout le monde s'en fournit là ; on le vend quatre ou cinq roupias le maon, de 80. liures. ils l'empaquettent dans des peaux de mouton, dont chacune pese quatre maons, nous faisons souffler dedans lors que nous l'auons acheté, & les faisons remplir d'huile & de beure, de peur que par la longueur du temps il ne perde sa force.

Le Spicanardi croit de luy mesme dans les montagnes, c'est vne plante dont les tiges ne s'esleuent que quatre doigts au dessus de la terre : ces tiges s'embarassent les vnes auec les autres, & c'est ce qu'ils appellent Conquie ; ils tiennent que c'est vn souuerain remede pour les paralitiques, ils le meslent auec de l'huile, en frottent les membres, iusqu'à ce qu'il ayt bien penetré dans la chair, & qu'il ayt surmonté le froid, dont la partie est affectée : la fleur du Spicanardi sort d'vne tige qui ressemble à des cheueux, & en a la couleur ; ils tiennent que la vertu de cette fleur est contraire au Contquier, on le vend icy six ou sept roupias

DES INDES ORIENTALES. 15

le maon, on n'en fait pas grand cas dans le pays; mais on le porte à Tata, au Moltan, dans la Perse, pour mieux dire par tout le monde.

Le Sel-armoniac croit à Thanasseri & à Tzerhind, sur le chemin de Laor, c'est vne espece d'escume qui sort de la terre, en des endroits où il y a des vieilles cauernes ou creux de roches, on le tire de là, & on le cuit côme on fait le Salpestre, on le vend iusques à sept roupias le maon; mais depuis deux ans Messieurs de la Côpagnie ont deffendu de s'en charger, c'est pourquoy ie n'en parleray pas dauantage. Ce pays seroit encor plus abondant qu'il n'est si l'on traitoit les paysans qui le cultiuent auec moins de tirannie quand ils ne peuuent pas fournir la somme à laquelle ils sont taxez, le Gouuerneur en fait ses esclaues auec leurs fémes, & leurs enfans, & l'on punit de mort comme des rebelles ceux qui taschent de se sauuer dans les Estats des Princes voisins, de là vient que les terres demeurent desertes, sans estre cultiuées. L'année est icy diuisée en trois saisons, durant les mois d'Auril, de May & de Iuin on y souffre vne chaleur insupportable, que les vents qui sont chauds comme l'air d'vn iour augmentent encor, outre qu'ils font voler vne poussiere qu'ils esleuent en passant sur des terres legeres, si noire & si epaisse, qu'elle couure de tenebres le pays. L'année 1624. le quinziéme de Iuin aprés midy, il se forma en l'air vne trauade de poussiere que l'on veid venir de loing, deux heures durant le Soleil en fut tellement couuert, qu'on n'a iamais veu vne plus grande obscurité, & comme elle s'estoit formée petit à petit, aussi s'en allat-elle de mesme : les mois de Iuillet, d'Aoust, de Septembre & d'Octobre, sont les mois de pluye, pendant lesquels il pleut continuellement, ce n'est pas cependant qu'il ne fasse assez chaud. Au mois de Nouembre, de Decembre, de Ianuier & de Feurier, l'air y est fort temperé, ainsi durant les mois d'Auril, de May, & de Iuin, la terre est seiche & dure, à cause de la grande chaleur qui empesche de la semer ny de la labourer : aux premieres pluyes qui tombent, ils commencent à semer leur Indigo : leurs grains dont les paures gens se nourrissent se nomment sowar, baheri, hanguenis, diuerses sortes de pois, dont ils nourrissent leur bestail, nommés moot, monghorb, ourdsaet, dont ils tirent de l'huile : aprés qu'ils ont fait la recolte de ces semences, ils labourent la terre & la sement vne seconde fois au mois de Decembre & de Ianuier ; ils y mettent diuerses sortes de pois, comme tzonne, matsour, mathel, thertso & altsin, dont ils tirent de l'huile ; ils font plusieurs puits dans leurs terres, par le moyen desquels ils les arrousent au temps qu'elles commencent à se seicher : quand il tombe de la pluye & que le froid n'est pas trop fort, l'année est fort abondante, & produit toutes sortes de racines, de legumes & de grains ; ils ont icy toutes les d'herbes que nous mettons dans nos salades, mais elles n'ont point si bon goust qu'elles ont en nos cartiers, ce qui vient de la qualité de la terre trop maigre & trop legere. La terre produit beaucoup d'arbres, mais il y en a peu qui portent du fruict, à cause que la terre est salée, ainsi tous les fruits que l'on y mange viennent de Candahar ou de Caboul, comme poires, pommes, grenades, raisins, & de plusieurs autres sortes : des personnes curieuses y ont fait apporter des raisins de Perse, qui n'ont point de pepins, mais c'est vn grand hazard quand de trois années il s'en rencontre vne pendant laquelle ils puissent meurir ; les Mangas y sont en grande abondance durant les mois de Iuin & de Iuillet ; les oranges aux mois de Decembre, Ianuier & Fevrier, elles sont de fort bon goust, principalement celles qui croissent au tour de Bayana, il y a aussi beaucoup de citrons : les autres fruits du pays ne meritent pas que l'on s'arreste à en faire mention.

Description de leur maniere de viure, & du dedans de leurs Maisons.

LA condition de ceux du menu peuple est fort miserable si on les compare auec les peuples de l'Europe, car leur estat ne differe guere de l'esclauage, d'ailleurs ils n'ont point d'esperance de rendre leur condition meilleure : Ceux qui sont nez artisans, par exemple, ne peuuent s'esleuer à vne autre condition, ny se marier qu'à des femmes de cét ordre : tous les Artisans sont payez également de leurs iournées, & l'Orpheure n'a pas dauantage que le Mareschal, c'est à dire, 5. ou 6. tacha ou autant de sols par iour : encores quand le Bacha, le Gouuerneur ou quelques autres personnes de cette authorité les enuoyét querir, ils sont obligez d'y aller sans en attendre aucune recompense; ordinairement ils se nourrissent de pois verts auec vn peu de ris cuit dans de l'eau & du beure, c'est là leur souper le plus ordinaire, le reste du iour ils prennent vn peu de kahüé & de legumes, leurs maisons sont basties de terre, couuertes de chaume, ils n'ont point d'autres meubles que quelques pots de terre, ils n'ont point de tour de lict, & comme il n'y a point de cheminées dans leurs maisons, pour se deffendre du froid ils brûlent deuant leurs portes de la fiente de vache, ce qui emplit les villes d'vne fumée & d'vne puanteur insuportable.

Les seruiteurs, dont le nombre est fort grand, à cause que c'est dans leur nombre principalement que consiste le faste des plus grands du pays, seruent fort soigneusement selon leurs charges; le Seluidar qui a le soin des cheuaux ne se mesle que de l'escurie, le fras qui doit faire dresser les tentes a le soin de faire tendre la chambre de son maistre, le Mahaut a soin des Elephans qui ont chacun 2. ou trois hommes pour les penser, vn autre qu'ils nomment Zeruwan est pour les Chameaux ; mais il n'y a point de place de plus grande ny plus importante que celle du Zantel ou Courier ; car ils ont esté souuent cause de la disgrace de leurs Maistres : leurs Superieurs iugeant souuent de leur merite & de leur exactitude par la promptitude auec laquelle ils sont aduertis des choses qui se passent dans l'estenduë de leurs charges ; ils courent long-temps de grande vitesse & feront souuent en vn iour vingt ou trente cosses, principalement lors qu'ils se sont enyurez d'opion qu'ils appellent post-bang. La condition de ses gens qui seruent dans vne infinité de differentes charges est aussi fort miserable, car on leur compte quarante iours au mois, pour lequel on ne leur donne que 3. ou 4. roupias, & encores leurs retranche-t-on quelques vns de ces mois sous pretexte des habits que l'on leur a donnés ou de choses semblables, la condition de ceux qui tiennent boutique de quelque marchandise que ce soit paroît vn peu meilleure; mais quand ils ont fait quelque fortune il faut qu'ils la tiennent cachée de peur qu'elle n'attire l'enuie des Gouuerneurs ou de ceux qui sont auprés de luy, qui ont milles moyens de leur oster tout le fruict de leur negoce, ce leur est mesme vne des plus mauuaises rencontres qu'il leur puisse arriuer que d'entrer en traicté & de vendre quelque chose au Seigneur du pays : car on les paye de cette monnoye du pays qu'ils appellent petits roupias, & eux au contraire ils sont obligez de leur donner leur marchandise au grand poids qui est de vingt pour cent plus fort que l'ordinaire: il faut encore rabattre neuf pour cent pour le Testuri, adioustés à cela le droit de l'Escriuain & du Courtier &c. tellement que le Marchand qui tient boutique perdra quelquefois à vn de ces marchés tout ce qu'il a gagné en vn mois de temps, la condition de ces peuples est comme ie viens de dire tres-miserable : il semble au contraire que la magnificence, les richesses & les plaisirs ayent choisy les maisons des grands de ce pays pour y faire leur demeure, & quoy que leur fortune n'ayt rien d'asseurée, & que le moindre rapport fait au Prince les puissent faire tomber dans la derniere misere, si est-ce que cette crainte ne les empesche point de se seruir de leur bonne fortune presente, & de prendre toute sorte de

plaisirs

DES INDES ORIENTALES. 17

plaisirs auec la plus grande securité du monde.

Ils espousent ordinairement 3. ou 4 femmes, dont la premiere est fort respectée des autres, elles logent toutes dans vn même Mahal ou Serail fermé de hautes murailles, elles ont dans cette enceinte des bois, des estangs, ont chacun des femmes esclaues qui les seruent dont le nombre n'est reglé que par la magnificence de leur mary, il y a de ces Dames qui en ont jusques à 100. côme il y a peu d'vnion entr'elles chacun à son logement à part & sa table aussi que l'on couure de viandes preparées dâs vne cuisine commune, chacune de ces Dames sçait ce quelle a à dépéser par mois, l'on ne sçauroit croire l'adresse quelles ont & leurs esclaues, pour bien receuoir leur mary lors qu'il vient passer la nuit auec elles, si c'est en Esté les vnes apres l'auoir des-habillé le parfument de bois de sandale & d'huiles de senteur, les autres luy font de l'air auec des éuantails, on luy a preparé vn Concert de musique & d'instruments, elles trauaillent tous les jours à luy composer des conserues ou l'ambre n'est point épargné ny toutes les autres choses qui luy peuuent mieux faire gouster le plaisir des Dames, ils mangent le jour à plusieurs reprises & boiuent beaucoup de vin quand la fraischeur de la nuit est venuë, ils ne se couchent gueres deuant la my-nuit, il y a ordinairement dans chaque Serail quatre ou cinq Eunuques esclaues de la Coste de Bengale, les Dames du Serail leurs font milles caresses à cause que leur fortune dépend en partie du recit qu'ils font de leurs personnes à leurs marys, & que si elles ont affaire de quelque chose, il faut quelles passent par leurs mains, aussi ils tirent de ces Dames tout ce qu'ils veulent, sont souuent mieux couuerts & plus proprement que leurs Maistres, car ils portent souuent des habits faits des mains de leur maistresses & nonobstant leur incommodité il n'y en a gueres qui ne trouuent quelque bône fortune dans le Serail de son Maistre: ces Dames sont reduittes à se passer d'vn si mauuais diuertissement, & quoy qu'elles ayent les plus beaux habits du Monde, qu'elles fassent grande chere, il n'y en a point neantmoins qui ne se croye fort mal-heureuse & qui ne voulut changer sa condition auec la plus pauure de nos Hollandoises.

Les Maisons de ces pays sont basties d'vne maniere assez agreable, elles ont toutes vne terrasse ou l'on va prendre l'air dans la fraischeur du jour, elles sont accompagnées de jardins, de canaux, & de fontaines où ils se baignent souuent, qui est vn des grands plaisirs des pays chauds, & qui n'est presque point connu aux nostres: leurs bastimens à la verité durent peu, car les murailles sont de mortier sans chaux; mais il n'y a rien de plus propre que les dedans, ils surpassent en cela tout ce qui se pratique en Hollande; les murailles sont crespies de chaux viue meslée auec du laict, & du sucre qu'ils estendent dessus & qu'ils polissent auec vne agathe; ce qui les rend vnies & luisantes comme vne glace de mirotier.

Les meubles de nos quartiers ne sont point en vsage icy; ceux qu'ils ont sont enrichis d'or & d'argent; ils ont beaucoup de vaisselle; mais qui est toujiours dans leur Serail, la chambre ou ils donnent audiance est la plus parée de toutes; ils s'y rendent le matin & tous leurs gens leurs y viennent faire le salam, espece de reuerence, qu'ils font en se courbant vn peu & portant leur main droite sur la teste: les gens d'égale condition se saluent en inclinant le corps, sans porter la main sur la teste; à les voir en conuersation les vns auec les autres, on les prendroit pour les gens du monde les plus retenus, tant ils sçauent bien garder la bien-seance & la grauité: quand on leur sert à manger, le Maistre d'Hostel sert les plats deuant chacun, selon sa qualité; chacun ne touche qu'au plat qui est deuant luy; toujiours de la main droite, & jamais de la gauche; ne boiuent point durant le disner; mais bien apres qu'ils ont fait leurs prieres & laué les mains: quelques-vns pour éuiter la despence de la table mangent toujiours dans leurs Serails.

La pluspart de ces peuples sont Mahometans, de cette secte qui croit en Mahomet, & tiennent pour Heretiques les Persans & les Tartares Vsbecques qui suiuent la doctrine de Haly qui auoit espousé la fille de Mahomet: ils ont des Saincts, beaucoup de traditions de leurs miracles, & sont fort faciles à en croire de nouueaux.

Bibl Phara- tama.

Seconde Partie.   C

Sultan Courſerou fut aſſaſſiné par ſon frere Sultan Cooron l'année 1621. l'on porta ſon Corps à Agra, & de là à Elabas où il deuoit eſtre enterré; l'on dreſſa vn monument à tous les endroits où ſon corps repoſoit la nuict ſur ce chemin; chacun de ces monuments auoit ſa trouppe de gueux quis'y arreſtoient, & qui faiſoient accroire au peuple que Dieu leur eſtoit apparu en ſonge, & les auoit chargés de donner de differents aduis à ceux qui les conſultoient & en tiroient par là beaucoup de profit: la choſe alla ſi auant que l'on y venoit par proceſſion auec trompettes & enſeignes, & cela en ſi grand nombre que le Roy fut obligé de defendre ſemblables proceſſions; l'on void par là la veneration qu'ils ont pour ceux qu'ils croient Saints; ils diſent de leur Mahomet que ſon corps ne iettoit point d'ombre, que quand il auoit à aller d'vn lieu à l'autre, les lieux s'aprochoient pour luy eſpargner la peine du voyage, & ſemblables autres chimeres.

Ce n'eſt pas icy le lieu d'eſcrire l'hiſtoire des Roys de ce pays; mais ce ſera aſſez de dire que le Prince a laiſſé empieter ſon authorité par vne femme qui eſt bien plus conſiderée dans ſes Eſtats que luy-meſme; elle a remply les premieres places de la Cour de ſes creatures, & les graces que le Prince a accordées ſont ſans effet, ſi elle n'y a donné ſon attache; toute la puiſſance & toute les richeſſes de l'Eſtat ſont entre ſes mains, & entre celles de ſon frere Aſaphchan; ils baſtiſſent par tout des Palais, des Serails, auec vne magnificence ſans exemple; pour le Roy il ne ſonge qu'à la chaſſe, il y va tous les jours; lors qu'il eſt reuenu ſur le ſoir & qu'il eſt dans ſon Guſialghana, tous les grands Seigneurs luy viennent faire la reuerence, & c'eſt auſſi le temps qu'il donne audiance aux eſtrangers; c'eſt-là qu'il boit trois couppes pleines de vin, obſeruant vne certaine interualle de temps, entre l'vn & l'autre coup; à chaque fois qu'il boit, les aſſiſtans luy ſouhaittent toutes ſortes de proſperitez; aprés qu'il a beu le troiſieſme coup il s'en va dormir, & les teſtes les plus fortes reſiſteroient difficilement à la force des boiſſons dont il ſe ſert; c'eſt là le temps que Nourziambegen prend pour luy faire ſigner tous ſes Firmans.

Toutes les places de ſon Eſtat ſont enregiſtrées dans vn liure que le Diuan garde, auec la ſomme qu'elles doiuent rendre au Prince; il donne ces terres aux principaux de ſa Cour, & c'eſt ſur ces reuenus que leurs penſions de mille & de deux milles cheuaux ſont aſſignées: ceux qui ſont obligez de ſeruir actuellement auprés du Prince les afferment à d'autres: le pays en eſt maintenant ſi ruiné que le Ziagries qui rendoit autrefois cinquante mille roupias n'en rend pas maintenant la moitié, quoy que le payſan qui le cultiue ait à pine du pain pour viure, ſi les terres ne rendent pas la moitié de ce qu'elles rendoient; auſſi les grands Seigneurs ou Capitaines n'entretiennent-ils pas le quart des cheuaux pour leſquels ils ſont payez, & prodiguent ce qu'ils eſpargnent de ce coſté là en valets, Elephants, Femmes, & à paroiſtre auec beaucoup de feſte & de ſuitte; quand ils marchent dans les ruës leurs gens crient Beyrt-pheos, c'eſt à dire, faite place, & chargent de coups ceux qui ne ſe deſtournent pas.

Les Officiers du Prince aſſiſtent à la mort des grands Seigneurs du pays, font inuentaire & enleuent tout ce qui eſt dans leurs maiſons iuſques aux bagues de leurs femmes, & on ne leur laiſſe ordinairement & à leurs enfans que autant de reuenu qu'il en faut pour viure; on s'eſtonnera ſans doute qu'ils ne donnent point d'ordre pour leur eſtabliſſement, lors qu'ils ſont en vie: mais de la maniere dont ils viuent, ils ne le peuuent pas faire; car chaque Seigneur à ſon Diuan ou Officier, par les mains de qui paſſe tout ce qu'ils ont de bien; ce Diuan a des Officiers ſubalternes qui ſçauent autant des affaires de leur maiſtre que luy-meſme; tiennent tout par compte, & ſont obligez de repreſenter leurs liures; & quand on doute qu'ils ayent d'eſtourné quelque choſe, on leur preſſe ſi eſtroittement les poulces qu'on leur fait auouer la verité. Quand on queſtionne les Grands du pays ſur cette auidité qu'ils ont à amaſſer par toutes ſortes de voyes de l'argent qui ne doit point paſſer aux leurs, ils diſent que rien n'eſtablit mieux leur memoire auprés de la poſterité que de voir dans les liures du Prince les richeſſes que l'on trouue aprés leur mort.

DES INDES ORIENTALES. 19

Le Mogol d'aujourd'huy, ou pour mieux dire, sa femme qui le gouuerne absolument, tient pour maxime d'auancer aux premieres charges des gens qui sont de nulle consideration dans le pays, lors qu'ils luy ont rendu quelque seruice, & de reduire dans la derniere necessité les plus Grands de son Estat, sur le moindre sujet qu'elle a de s'en plaindre; il n'y a rien de stable dans cét Estat, leurs bastimens & leurs Palais mesmes ne durent guere plus que la vie d'vn homme; l'on ne void point qu'après la mort de celuy qui les a bastis, personne prenne le soin de les entretenir, & encores moins de continuer les desseins que les autres ont commencés; chacun songeant à establir sa reputation par de nouueaux desseins, plustost qu'à conseruer celle de ses predecesseurs.

Ils ont des liures de Loys & de Coustumes, la plus generale est celle du Talion, de faire creuer l'œil à celuy qui l'a creué à vn autre: mais dans la verité le Iuge donne toute liberté de decider selon son caprice, ou plustost selon son interest; car ils jugent ordinairement en faueur de celuy qui leur donne dauantage.

Le Roy mesme ne reçoit point les requestes de ses sujets, si ils ne leur font quelque present. Chaque ville a vne place nommée Ket-Chari, où le Gouuerneur, le Diuan, le Baxi, le Coutewael, le Cazi & autres Officiers s'assemblent quatre fois la semaine pour rendre la Iustice: on ne punit de mort que les meurtriers, encores est-ce quand ils n'ont point d'argent pour se racheter: les autres crimes se punissent ordinairement par la confiscation des biens du criminel au profit du Gouuerneur & du Coutewael: le diuorce est fort ordinaire; & s'execute quelquefois sur des injures que le mary & la femme se seront dites.

Les ordres & les depesches du Roy sont portées auec grande diligence par des couriers à pied, car de quatre cos en quatre cos il y a vn pieton qui fait cette cariere d'vne halaine, si bien qu'en 24. heures ils font jusques à 80. cos; le Roy a aussi en beaucoup d'endroits des pigeons qui seruent à porter les lettres dans des occasions où il importe de faire vne diligence extraordinaire; cela s'est fait autrefois en Hollande dans vne occasion de siege, mais ils ont cela de particulier en ce pays, que ces pigeons portent leurs lettres d'vn bout de ses Estats à l'autre, & cependant ce Prince est vn des plus grands terriens du monde; depuis Suratte jusques à Cazamir l'on compte vnze cents cos, c'est à dire, plus de sept cens milles, car l'on compte trois cos pour deux milles, de Suratte à Baramprour il y a 150. cos, de là à Agra 350. d'Agra à Lahor 300. de Lahor à Cassamer 300. de Cassamer à Amadabat 50. en tirans de Lahor vers le Nordüest au trauers de la Prouince de Moltan à Candahar 600. cos: en tirant vers l'Oest on trouue les Prouinces de Pœroeb, de Bengala, d'Orxa jusques aux bords de la mer, & d'Agra en passant par ces Prouinces jusques à la mer il y a mille cosses.

Il tireroit assés de richesses de ces grands Estats pour se rendre maistre de toute l'Asie, mais la pluspart du pays est plain de montagnes de difficile accez, & ceux qui les habitent ne connoissent point d'autre Prince que leur Radzias ou Princes naturels, sous le gouuernement desquels ils jouyssent des terres que leurs ont laissé leurs predecesseurs; ainsi l'on peut dire qu'il n'est maistre que de la moitié du pays, car dans ces Estats qu'on luy attribuë, il a presque autant de rebelles que de sujets, les sujets, par exemple, de Radia-Pipel viennent faire des courses jusqu'aux portes d'Agra, assasinent les gens, mettent le feu aux villages, sans que le Gouuerneur se mette en deuoir d'y mettre ordre, & sans mesmes qu'ils puissent reprimer leurs courses, ayans plus de soin de tenir leurs Serails bien fournis que leurs garnisons bien completes, c'est de mesmes aux enuirons de Baramprou, d'Amadabat, d'Agra, de Delly, de Lahor, & mesme il n'y a pas seureté pour les voyageurs dans le plat pays.

Ie finiray icy cette Relation, que ie prie Messieurs de la Compagnie de receuoir comme venant de

Au Comptoir de la Compagnie Hollandoise en Agra, le 15. Feurier 1627.

Leur tres-humble & tres-obeyssant seruiteur, FRANÇOIS PELSART.

On trouue trois sortes d'Aloës de Socotra, l'Arabique & l'Aloë d Semenschan: la première est la meilleure, la 2. suit apres, la 3. est la pire; le bon bois d'aloë se connoist à l'odeur en le mettant sur les charbons ardens, les éclats du bois doiuent estre longs, ronds, fort pesans, noirs auec des venes couleur de cendre, il est amer au goust.

Pelsart promet vne liste des drogues qui luy ont passé par les mains lors qu'il estoit facteur à Agra pour les Hollandois, ie ne l'ay point trouuée dâs son Manuscrit, & i'en ay mis vne autre à la place.

Le Benjoin est vne gomme que ceux de Malacca appellent Miniam, le meilleur vient de Siam, il est fort pur, clair & blanc, auec des traicts couleur d'ambre: Il y en a vne autre espece qui n'est pas si blanche, mais qui ne laisse pas d'estre aussi bonne, elle vient de Sumatra: la troisiesme sorte se recueille à Priaman & à Barosz & est bien inferieure de bonté aux autres, en Angleterre on n'en trouueroit pas le debit, mais elle ne laisse pas de se vendre bien à Bantam.

La meilleure Ciuette est d'vn jaune fort chargé & approchant de la couleur de l'or, celle qui est blanche est ordinairement sophistiquée ou alterée auec de la graisse, ce n'est pas que lors qu'elle a esté nouuellement tirée de la beste elle ne soit blanche, mais en peu de temps elle prend cette couleur jaune.

Les Arabes appellent le suc d'Aloë Saber, le bois vd ceux de Mallaca l'applient Garroo, le meilleur vient de Mindelin.

L'on void trois sortes de Musc, le noir, le brun, & le jaune; le premier ne vaut rien, le second est meilleur, mais le jaune est le meilleur de tous: pour estre excellent, il faut qu'il soit de la couleur de l'ambre bien jaune & couuert d'vne seule peau, & non pas de plusieurs les vnes sur les autres, comme il s'en rencontre souuent, il faut prendre garde aussi qu'il n'ait point esté mouillé pour le rendre plus pesant, mais qu'il soit mediocrement humide auec quelques poils; qu'il n'en ait pas beaucoup, qu'il soit sans pierre, sans plomb & sans meslange d'autre chose qui le rende plus pesant; que l'odeur en soit si forte qu'on ne la puisse souffrir, & qu'en le mettant dans la bouche, ou le tenant serré dans la main, il se fonde aussi-tost, il ne faut pas le tenir auprès d'aucunes espices, car il perdroit son odeur.

Il y a deux sortes de Bezoar, l'Oriental & celuy d'Occident, l'Oriental vaut le double de l'autre, il y en a de diuerses figures, les vnes de ces pierres sont rondes, les autres ressemblent à des dattes; il y en a de grosses comme des œufs de pigeon la mesme varieté est dans leurs couleurs, les vnes d'vn rouge qui n'est pas bien chargé, d'autres couleur de miel, quelques-vns couleur de cendre, d'vn gris obscur, mais la plus part d'vn verd couleur d'eau.

Le Bezoar d'Orient est composé de plusi... pelures & enueloppes, comme si on les auoit mis les vnes sur les autres par artifice, ressemblant en cela à vn oignon, ses peaux sont luisantes & si on se met à polir ces pierres, la seconde enueloppe se trouue plus luisante que la premiere & ainsi des autres: ces enueloppes sont plus & moins espaisses selô la grosseur des pierres, les plus grosses se vendent mieux; la maniere certaine & asseurée pour connoistre le bon Bezoar est celle-cy; pesez exactement la pierre mettez la apres dans de l'eau & laissez là tremper l'espace de quatre heures, voyez apres si elle ne s'est point fenduë, essuyez là & la pesez vne seconde fois, si elle ne pese vn peu dauantage qu'elle ne faisoit auparauant, tenez pour asseuré qu'elle est falcifiée: j'en ay fait plusieurs fois l'experience; estant à Bantan i'y ay trouué souuent vn petit noyau tout couuert de chaux, qui pesoit iusqu'à deux onces & demie, les contrefaites viennent de   de Borneo.

Il y a de l'ambre de plusieurs sortes, noir, blanc, & gris, le noir ordinairement est le pire de tous & le gris le meilleur entre les sortes d'ambre gris il faut choisir celuy qui est le plus pur & qui n'est point meslé d'ordure, tirant sur le blanc & d'vne couleur de cendre meslée auec des veines blanches & qui nage sur l'eau, ce n'est pas qu'on n'y puisse estre encores trompé, mais on se peut tousiours asseurer que celuy qui va au fonds de l'eau est tousiours sophistiqué, la plus grande quantité vient de Sophala & du Mosambic.

Il n'y a point d'apparence qu'il vienne des Baleines, puis qu'au lieu où il y a le plus de Baleines, c'est où il s'en trouue le moins, outre que l'on n'en trouue point dans celles que l'on ouure tous les jours, il y a aussi peu d'apparence de croire qu'ils vienne de la vache marine, d'autres ont creu qu'il venoit au fonds de la mer, comme le corail ou le Bithume: *pour moy ie tiens pour asseuré qu'il vient d'vn Insecte.*

Printed in the USA
CPSIA information can be obtained
at www.ICGtesting.com
CBHW061816240924
14864CB00033B/735